Fiche **philosophe**

Par Sophie Muselle

Platon

lePetitPhilosophe.fr

PLATON

PHILOSOPHE GREC À L'ORIGINE DE LA THÉORIE DES IDÉES

- **Né vers 427 av. J.-C. à Athènes**
- **Décédé vers 347 av. J.-C. à Athènes**
- **Quelques-uns de ses dialogues :**
  - *Apologie de Socrate*
  - *La République*
  - *Le Banquet*

Penseur grec du **IVe siècle av. J.-C.**, Platon est considéré comme l'un des **pères fondateurs de la philosophie** et comme l'un des philosophes majeurs de la pensée occidentale. Tout d'abord **disciple de Socrate**, il crée ensuite sa propre école à Athènes, **l'Académie**. On distingue l'enseignement oral qui y est donné, mais dont nous n'avons pas de trace, de ses œuvres écrites.

Platon est le premier philosophe à évoquer **l'existence d'une réalité intelligible**, c'est-à-dire une réalité qui ne peut être vue que par la raison, qu'il oppose au monde sensible, perceptible par les sens. En cela, il initie la métaphysique, l'étude de ce qui se situe au-delà des réalités physiques.

Ses œuvres sont en général écrites sous forme de **dialogues mettant en scène Socrate**, son maitre, et se présentent comme une recherche de la vérité dans tous les domaines. Elles transmettent la pensée platonicienne sous forme d'allégories et de métaphores, la rendant ainsi plus accessible.

BIOGRAPHIE

PLATON ET L'ACADÉMIE

Platon nait à Athènes vers **427 av. J.-C.** dans une **famille aristocratique**, sous le nom d'Aristoclès. Platon est en réalité un surnom qui lui a été donné pour la grandeur de son front ou peut-être de son corps.

Il est d'abord très **attiré par la politique**, mais il y renonce vers 407 av. J.-C. au profit de la philosophie suite à sa **rencontre avec Socrate** (470-399 av. J.-C.), dont il devient un fervent disciple. À la mort de son maitre en 399 av. J.-C., il quitte Athènes pour y revenir en 387. Il voyage alors pendant quelques années. Mais il n'en reste pas moins préoccupé par la situation politique de la cité grecque, et une grande partie de son œuvre est marquée par **son désir d'édifier un État fondé sur la justice**, en réaction à la condamnation de Socrate à l'empoisonnement. Dans cette optique, il se rendra à plusieurs reprises en **Sicile**, auprès des tyrans Denys Ier l'Ancien (vers 430-367 av. J.-C.) et Denys II le Jeune (vers 397-344 av. J.-C.), sans réussir cependant à concrétiser son projet d'un État juste gouverné par un philosophe.

Vers 388 av. J.-C., presque pour pallier cet échec, Platon fonde son école de philosophie à Athènes, **l'Académie**, espérant éduquer les jeunes gens à la citoyenneté afin de former des hommes libres, vertueux et investis dans la société, de manière à la rendre plus juste. Il dirigera l'Académie jusqu'à sa mort, en 347 av. J.-C. Il n'a légué aucune trace écrite de l'enseignement qu'il y proférait, mais les quelques textes de ses disciples, dont Aristote (384-322 av. J.-C.), nous laissent penser qu'il s'agissait d'un enseignement fortement mathématique.

LES DIALOGUES PLATONICIENS

L'œuvre écrite de Platon, qui nous est parvenu dans son entièreté, se compose essentiellement de **dialogues dont le principal protagoniste est Socrate**. Loin de vouloir rendre compte de la pensée de son maitre, qui n'a laissé aucune trace écrite, Platon s'inspire plutôt de l'originalité du personnage en mettant dans sa bouche ses propres réflexions philosophiques.

Loin d'être anodine, **la forme du dialogue correspond à une exigence philosophique** : pour Platon, comme pour Socrate, **la vérité doit être l'objet d'une recherche** à la fois commune et rationnelle, d'où l'importance de la méthode dialectique.

Si les spécialistes ne parviennent pas toujours à se mettre d'accord sur la chronologie des dialogues platoniciens, ainsi que sur l'authenticité de certains d'entre eux, la classification traditionnelle les regroupe habituellement comme suit :

- **les dialogues de jeunesse**, dits « socratiques », consacrés à la défense et à l'illustration de la mémoire de Socrate, mettent en scène la méthode socratique. Parmi ceux-ci, citons *Alcibiade* (sur la nature humaine), l'*Apologie de Socrate* (sur le procès de Socrate), *Hippias Mineur* (sur le mensonge), *Hippias Majeur* (sur le beau), *Gorgias* (sur la rhétorique) ou encore *Protagoras* (sur les sophistes) ;

- **les dialogues de la maturité**, liés à la fondation de l'Académie, accordent encore une importance majeure à Socrate, mais Platon s'attache principalement à mettre en place sa théorie des Idées. Parmi ceux-ci, citons *Ménon* (sur la vertu), *Cratyle* (sur les noms), *Le Banquet* (sur l'amour), *Phédon* (sur l'âme), *Phèdre* (sur la beauté) ou encore *La République* (sur la cité idéale) ;
- **les dialogues de la vieillesse**, plus difficiles et davantage métaphysiques, voient certaines théories philosophiques platoniciennes approfondies et modifiées. Parmi eux, citons *Le Sophiste* (sur l'être), *Politique* (sur la royauté), *Timée* (sur la nature) ou encore *Les Lois* (sur la constitution idéale).

En outre, il existe également les *Lettres*, très importantes pour connaitre la vie de Platon et certaines de ses idées. Elles sont les seuls documents dans lesquels Platon parle de lui-même.

LA PHILOSOPHIE COMME MODE DE VIE

Dans *Le Banquet*, Platon immortalise la figure de Socrate comme étant le philosophe par excellence, c'est-à-dire l'homme qui cherche, tant par son discours que par son mode de vie, à atteindre la sagesse. La philosophie de Platon, et par la suite toutes les philosophies de l'Antiquité, a cette particularité de **lier étroitement le discours philosophique et le mode de vie**.

Il s'agit donc de donner, dans son Académie, **une véritable éducation autant qu'une formation philosophique** :

l'objectif de Platon est de mener un travail d'éducation afin de « vivre » la philosophie. Cela ne peut se réaliser que par la communauté de vie et le dialogue entre maitres et disciples. L'enseignement platonicien constitue donc une parole vivante, à intégrer et à vivre, tels les vœux religieux. Il arrivait même que certains disciples habitent dans l'Académie.

Mais il ne faut néanmoins pas oublier que **l'intention initiale de Platon est politique**, ce qu'il ne perd pas de vue : il espère **changer la vie politique par l'éducation philosophique des hommes influents dans la cité**. Il ne veut pas seulement discourir de façon abstraite, mais aussi agir. D'ailleurs, beaucoup d'élèves de l'Académie joueront par la suite un rôle politique dans les différentes cités grecques. Contrairement aux sophistes, qui prétendent également donner une formation politique aux jeunes, Platon veut fonder son enseignement sur une méthode rationnelle et rigoureuse, ainsi que sur une conception du philosophe cherchant le bien. Il s'agit dès lors, pour Platon, de créer une communauté intellectuelle et spirituelle chargée de former des hommes nouveaux. Il consacre la majeure partie de sa vie à ce projet.

CONTEXTE PHILOSOPHIQUE

Platon s'inscrit dans une tradition philosophique initiée par Socrate. L'histoire de la philosophie a retenu l'approche socratique comme un tournant majeur de la pensée, tant en ce qui concerne l'approche du sujet que la méthode.

LES PRÉSOCRATIQUES

Avant Socrate, dès le VIe siècle av. J.-C., existent en Grèce des philosophes que l'on a par la suite appelés « **les présocratiques** » : Thalès de Milet, Pythagore, Xénophane, Parménide d'Élée, Zénon d'Élée, Démocrite, Héraclite d'Éphèse, etc. Ils sont à la **recherche de l'*archè*, c'est-à-dire du principe premier** qui expliquerait le commencement, le déroulement et le résultat du processus par lequel une chose ou le monde se constituent. Selon eux, tout ce qui existe peut s'expliquer par ce principe premier. Il s'agit donc de **penseurs de la *phusis*, c'est-à-dire de la nature**, qui sont d'ailleurs bien souvent scientifiques ou mathématiciens.

Ils marquent **un tournant décisif** par rapport à ce que qui se faisait alors en matière de réflexion philosophique. En effet, jusque-là, la pensée philosophique s'était limitée à une pensée mythique ou mythologique, donnant une explication non rationnelle de la création et du monde, décrivant l'histoire du monde comme une lutte entre des entités personnifiées (divinités en tous genres).

Parmi ces philosophes présocratiques, **Platon s'inspire de Pythagore** en ce qui concerne l'enseignement des mathématiques. Plus précisément, il relaye l'idée de l'importance d'une formation par les mathématiques et d'une application possible des mathématiques à la connaissance de la nature.

SOCRATE

Socrate marque **un deuxième tournant** dans l'histoire de la pensée occidentale, puisqu'il est à l'origine de la philosophie telle que nous la connaissons actuellement :

- une réflexion sur l'homme, la pensée humaine et la société qui l'entoure ;
- ainsi qu'une véritable recherche de sagesse.

Le sujet et la méthode changent : **Socrate travaille sur l'homme et utilise la maïeutique ou « l'art de faire accoucher les esprits »**. Il avait l'habitude de dire que, comme sa mère, qui était sage-femme, faisait accoucher les femmes, lui faisait accoucher les esprits du savoir qu'ils contenaient déjà sans en être conscients.

Plus précisément, sa méthode consiste à mettre en avant un sujet lié à la nature humaine, puis à observer les points d'accord et de désaccord entre les hommes à ce propos, pour ensuite les instruire de ce dont il a la certitude ou la connaissance. Ceci se fait selon un principe dialectique : les intervenants produisent différentes thèses et antithèses qui, grâce aux discussions et aux questions de Socrate, donnent lieu à une synthèse permettant d'aller plus loin dans la réflexion et de se rapprocher de la vérité absolue.

Chaque interlocuteur possédant en lui-même la nature

humaine que l'on cherche à observer, le dialogue ne peut que se dérouler fructueusement ; cependant, une des premières observations de Socrate est que les hommes ignorent souvent ce qu'ils sont et ce qu'ils font, car ils s'observent rarement. Le but du philosophe est par conséquent d'apprendre aux interlocuteurs à prendre conscience de leurs contradictions et de leur ignorance, à s'observer et à se connaitre eux-mêmes, pour pouvoir trouver la sagesse et le bien par leurs propres moyens.

Socrate meurt en 399 av. J.-C., condamné à boire un poison mortel, la cigüe, pour troubles de l'ordre public et corruption de la jeunesse. Il ne laisse aucun écrit derrière lui. **Platon lui rend hommage dans ses dialogues** en lui attribuant les premiers rôles. S'il est très **difficile de distinguer les idées de Socrate de celles de Platon**, il est sûr cependant que ce dernier s'est inspiré de Socrate dans ses idéaux moraux, cherchant à faire du philosophe un homme sage et vertueux. Pour les deux penseurs, un philosophe doit se partager entre le souci de soi et le souci des autres, entre la recherche de la vertu et l'engagement dans la vie de la cité.

LES SOPHISTES

Avec l'essor de la démocratie athénienne au Ve siècle av. J.-C., toute l'élite intellectuelle des colonies grecques vient s'installer à Athènes. Mais cela engendre des luttes pour le pouvoir : **les hommes politiques doivent pouvoir persuader le peuple** et lui faire prendre telle ou telle décision dans l'assemblée. Il est donc nécessaire, pour ce faire, d'acquérir **la maitrise du langage et des divers sujets politiques**.

C'est à ce besoin que répondent les sophistes.

Ce mouvement de pensée apparait à la fois **comme une continuité et comme une rupture par rapport à ce qui a précédé** :

- continuité par rapport à la méthode d'argumentation de Parménide ou de Zénon d'Élée que l'on retrouve dans les paradoxes sophistiques, ou encore dans la volonté des sophistes de rassembler tout le savoir scientifique et historique accumulé par les penseurs antérieurs ;
- rupture en raison de leur critique souvent radicale du savoir antérieur, ainsi que par le fait que leur activité soit spécialement dirigée vers la formation des jeunes à la politique et non vers la formation générale d'hommes libres. Ils deviennent dès lors **les premiers profession-nels de l'enseignement**, les premiers pédagogues, en inventant l'éducation en milieu artificiel.

Platon s'oppose aux pratiques des sophistes :

- il reproche tout d'abord à ces enseignants d'être **des commerçants en matière de savoir**. Pour lui, la philosophie est un mode de vie qui se transmet tout d'abord d'initiés à initiés, de maitre à disciple, dans une relation de confiance. En ce sens, elle ne peut faire l'objet d'aucun commerce sans être dénaturée ;
- il accuse également les sophistes d'**enseigner à convaincre à l'aide d'arguments fallacieux, à séduire un auditoire et à flatter l'opinion**, plutôt qu'à chercher à atteindre la vérité. La sophistique n'est donc pas à ses yeux un chemin vers la sagesse, mais l'apprentissage de

techniques visant à manipuler les autres. Platon met d'ailleurs régulièrement en scène, dans ses dialogues, ses reproches à l'égard des sophistes : il les ridiculise et montre toute la superficialité de leur savoir et de leurs vertus.

PENSÉE ET APPORT

LA DÉFINITION PLATONICIENNE DU PHILOSOPHE

La meilleure définition platonicienne du philosophe est celle que l'on trouve dans *Le Banquet*, un dialogue dans lequel Platon parle de l'amour. C'est par le biais de **la figure de Socrate**, qui domine toute l'œuvre, que Platon présente sa conception du philosophe :

- Socrate fait tout d'abord l'objet d'un éloge par Alcibiade (homme d'État athénien, vers 450-404 av. J.-C.), qui le décrit comme un individu exceptionnel, **capable d'éveiller ses interlocuteurs à la sagesse, à la vérité et à la connaissance de soi** ;
- il est ensuite mis à l'honneur par le discours sur Éros (dieu de l'amour) que Platon lui prête et qui se trouve être aussi long que ceux des autres protagonistes du dialogue rassemblés ;
- enfin, il est le seul personnage à être toujours lucide et sobre à la fin du banquet, montrant ainsi son exceptionnelle maitrise de lui-même.

Socrate apparait dès lors comme **« le » philosophe par excellence**, idéalisé jusqu'à être **identifié à Éros**, lui-même décrit comme la figure du philosophe par les convives du banquet. Éros est alors une métaphore pour parler de Socrate et de son éternelle recherche de sagesse, lui qui disait ne rien savoir. L'amour est à Éros ce que le savoir est à Socrate : un désir vers lequel ils tendent, mais qu'ils savent ne jamais pouvoir obtenir. Platon nous indique ainsi une qualité importante pour tout philosophe : **la conscience de son ignorance** (<u>citation 1</u>). Sans cela, tout n'est que vanité et superficialité. Autrement dit, sans le manque et le désir de savoir, aucun cheminement vers la sagesse n'est possible. Or **la philosophie n'est pas un savoir, mais une progression**.

LA THÉORIE DES IDÉES

La découverte d'une réalité intelligible

L'originalité de Platon tient en la découverte d'une réalité intelligible, c'est-à-dire qui ne peut être vue que par la raison (ou l'âme) et qui constitue la réalité de toutes les choses. En ce sens, il est le premier à évoquer l'existence d'une réalité « métaphysique », même si ce terme ne sera utilisé que plus tard.

> **BON À SAVOIR**
>
> La **métaphysique** désigne, dans son sens le plus courant, la science des premiers principes et des premières causes, qui se rapporte au divin. C'est pourquoi Aristote (384-322 av. J.-C.) l'appelle la « philosophie première ».

Mais comment en arrive-t-il à cette conclusion ? Déçu de l'insuffisance des explications données par les physiciens, ceux qui étudient la *phusis*, la nature – les présocratiques ne sont en effet pas parvenus à expliquer la phusis à partir de principes matériels –, Platon en déduit que **le principe premier qui régit le monde n'est pas matériel**. Il suppose alors une réalité organisée sur deux plans et distingue :

- **le monde sensible**, qui comprend les **réalités sensibles, matérielles**. Celles-ci sont instables, mouvantes, changeantes, multiples, particulières et contingentes ;
- **le monde intelligible**, qui comprend les **réalités intelligibles, immatérielles**. Celles-ci sont quant à elles stables, immobiles, immuables, uniques, sans cesse identiques à elles-mêmes et éternelles : **il s'agit des Idées**, ou essences, des réalités conceptuelles qui existent « en soi », de manière objective, indépendamment de celui qui les saisit. Elles sont la cause non physique de tout ce qui existe dans le monde sensible, autrement dit le fondement, **l'essence de toutes les choses**. En ce sens, elles constituent la dimension métaphysique du réel (<u>citation 2</u>).

Concrètement, chaque chose existant sur terre, qu'il s'agisse de tel animal, de tel objet, de tel végétal ou de tel concept, possède une Idée qui lui correspond dans une réalité intelligible. Cette Idée existait bien avant cette chose, existera bien après sa disparition et en possède toutes les caractéristiques de la manière la plus parfaite possible. Ainsi, **les Idées sont des archétypes de la réalité d'après lesquels les objets du monde visible sont formés**. Par exemple, quand on voit une poule, on reconnait que c'est une poule. Pour Platon, c'est parce que l'Idée de poule est présente dans notre esprit. Toutes les poules sont différentes et pourtant on sait qu'il s'agit bien de poules, parce que l'on a en nous une Idée de poule générale à laquelle on assimile l'animal que l'on voit. Le monde sensible est donc soumis aux Idées immuables, dont il tire son être.

Acquérir la connaissance par les Idées

La doctrine des Idées a amené Platon à poser les conditions qui rendent possible la véritable connaissance, et donc la construction de la science. Un peu comme Socrate, Platon nous invite à chercher en nous la connaissance en nous posant les bonnes questions. La différence est que, pour ce dernier, **la connaissance s'acquiert par les Idées : nous devons nous ressouvenir des Idées.** C'est la **théorie de la réminiscence**.

Si on reprend l'exemple de la poule : toutes les poules sont différentes (couleur, taille, poids, plumes, âge, etc.) et, pourtant, quand on en voit une, même très laide ou avec une patte en moins, on sait que c'est une poule. C'est sur ce « quelque chose qui reste », sur ce qui en chaque chose qui change demeure non changé, autrement dit l'Idée, que repose la véritable connaissance. Dès lors, pour Platon, **savoir consiste à ramener la multiplicité et la diversité des choses sensibles à l'unité des Idées**. En d'autres termes, pour accéder à la connaissance, il s'agit de s'élever jusqu'au monde des Idées, fondement ultime de toute réalité et de toute vérité. La connaissance suprême réside alors dans la contemplation des Idées.

L'âme, une porte d'accès aux Idées

Afin que l'homme accède au monde des Idées, il faut qu'il comporte lui-même une part immatérielle : l'âme ou l'esprit, siège de la raison et de la connaissance universelle. Au contraire, son corps, parce qu'il est matériel, le lieu des passions et des vices et soumis à la dégradation, le rattache irrémédiablement au monde sensible. Dès lors, **le monde intelligible ne peut être appréhendé que par l'esprit**.

Ainsi, Platon est l'un des premiers philosophes à proposer une **conception dualiste de la nature humaine**, à présenter l'âme et le corps comme deux entités radicalement distinctes et qui n'ont pas la même valeur. En effet, l'âme, parce qu'elle permet à l'homme d'approcher au plus près le monde des Idées, est supérieure au corps. Celui-ci, conçu comme un tombeau qui serait habité par l'âme de manière temporaire, est sans cesse excité par des désirs particuliers et changeants qui empêchent l'âme de s'élever vers la réalité intelligible (<u>citation 3</u>). Le philosophe illustre cela par la métaphore du tonneau des Danaïdes (tonneau dont le fond est percé et que les Danaïdes, les filles du roi Danaos, s'évertuent à remplir, en vain) : on a beau le remplir, il ne cesse de se vider. La seule solution est de libérer l'âme, prisonnière du corps, en maitrisant ses désirs. Plus précisément, il s'agit de ne désirer que la connaissance vraie : alors, le désir devient positif, puisqu'il oriente l'homme vers le monde des Idées.

Les Idées au fondement de toutes choses

Pour être le fondement de toutes choses, **les Idées** doivent en être à la fois :

- **les causes exemplaires : les choses ressemblent aux Idées** comme les ombres ressemblent aux vraies réalités, voilà ce que Platon nous fait comprendre grâce au **mythe de la caverne**. Selon lui, les Idées viennent d'un démiurge qui serait le créateur des réalités modelées sur l'Idée. Le démiurge est comparable à un menuisier : il a l'idée de la table parfaite en tête et tente de la reproduire grâce à des matériaux sensibles. Ainsi, les réalités du monde sensible sont calquées sur les Idées qui en sont les modèles. Et, tout comme un dessin calqué est toujours moins parfait que l'original, les réalités sensibles sont elles aussi moins parfaites que les Idées.

Pour expliquer cela, Platon utilise la métaphore des ombres dans une caverne. Il imagine une caverne dans laquelle des hommes sont pris au piège, attachés, dos à la sortie et à un feu, face à un mur. Sur ce mur défilent les ombres de ce qu'il se passe à l'extérieur de la caverne ; les ombres sont donc semblables à la réalité sensible. Mais les hommes enfermés pensent quant à eux que les ombres projetées sont la réalité puisqu'ils n'ont jamais rien connu d'autre. Or ces ombres appartiennent à des objets qui sont beaucoup plus parfaits qu'elles et dont elles ne sont que la pâle copie malgré le fait qu'elles en possèdent tous les contours. Ces objets se trouvent hors de la caverne et seuls les hommes qui ont pu se détacher pour aller les voir, les philosophes, les ont vues (citation 4).

Le but de Platon, tout comme ces philosophes sortis de la caverne, est de détacher le regard de ses contemporains de ce qu'ils pensent être la réalité pour leur faire voir la vraie réalité, les Idées, qui constituent les modèles des objets sensibles. En effet, toutes les choses que nous connaissons par le biais de l'expérience et de nos sens ne sont que des apparences trompeuses ;

- **les causes finales : les Idées étant la perfection, elles constituent le modèle vers lequel tend toute chose.**

Par conséquent, elles sont leur cause finale, c'est-à-dire leur objectif. Les Idées sont également ordonnées hiérarchiquement par rapport à leur perfection. Ainsi, l'Idée la plus élevée est celle du Bien, de laquelle toutes les autres dépendent. Cette hiérarchie est importante pour comprendre la morale platonicienne ;

- **les causes formelles : les Idées sont séparées des objets dont elles constituent la forme** ; elles sont avec eux dans une relation de participation ou de ressemblance. Les choses héritent des qualités des Idées. Dès lors, les Idées en sont les causes formelles, c'est-à-dire ce qui cause ou provoque la forme des choses.

LA PHILOSOPHIE MORALE

Le projet d'une cité juste

La vie de Platon est marquée par des évènements politiques importants : la guerre du Péloponnèse (431-404 av. J.-C.), la crise de la démocratie athénienne et la dictature des Trente (404 av. J.-C.), ainsi que la condamnation à mort de Socrate en 399 av. J.-C. Ces épisodes provoquent chez lui un réel **dégout pour la vie politique**, à laquelle il semblait pourtant destiné. Il fait cependant une dernière tentative afin de renouer avec la politique en se rendant en Sicile en 388 av. J.-C. auprès du tyran Denys Ier l'Ancien : il essaye de le convaincre, en vain, d'appliquer son **projet d'une cité idéale** qu'il développe dans *La République*. Celle-ci serait **gouvernée par un philosophe** et mettrait la justice, ainsi que les plus grandes Idées morales, au centre de ses préoccupations.

Pour Platon, **la justice** désigne une **organisation har-**

monieuse de la cité où chaque classe sociale et chaque individu exercent une fonction particulière et ont leur propre place (citation 5). Seul le sage est capable de construire une cité juste : faisant un effort de contemplation irréalisable par le commun des mortels, il s'élève jusqu'au monde des Idées afin d'accéder à la connaissance vraie et ainsi à l'Idée de justice. Dès lors, la justice qu'il établit dans la cité constitue une copie de l'Idée de justice qu'il a contemplée. Plus précisément, la fonction du sage consiste :

- d'une part, à définir les activités nécessaires au bon fonctionnement de la cité (agriculteur, artisan, gardien, soldat, magistrat, etc.) ;
- d'autre part, à faire en sorte que chaque individu exerce l'activité pour laquelle il a le plus d'aptitudes naturelles. La qualité du travail et la productivité sont de cette façon nettement supérieures que si chacun se contentait de produire pour lui-même, et cela confère à chacun une identité sociale.

De cette manière, les hommes sont complémentaires et établissent des relations de coopération. D'ailleurs, Platon explique la naissance de la cité par la faiblesse des hommes, incapables de satisfaire seuls leurs besoins vitaux (se nourrir, se loger, se vêtir) : ils ont été obligés de s'associer car ils ont fondamentalement besoin les uns des autres (citation 6).

Le but de Platon est de donner le jour à une société qui fonctionnerait comme une unité harmonieuse, où les éléments coexisteraient de la même manière que les essences idéales bien rangées, sans se faire mutuellement aucun tort, disposées dans un certain ordre et suivant la raison.

La recherche du bonheur

Socrate représente aux yeux de Platon l'idéal de l'homme juste et **l'exemple** :

- **d'un mode de vie**. Socrate vivait en philosophant, en s'occupant de son âme et de celle des autres pour les rendre aussi bonnes que possible ;
- **d'une méthode**, qui est la discussion. Celle-ci lui permet d'associer la recherche des vertus morales et le raisonnement rationnel – la rationalité étant considérée comme le meilleur moyen de progresser vers la vertu puisque les deux sont liées. La recherche éthique est donc liée à une démarche réflexive et méthodologique.

Cependant, Platon rompt avec l'intellectualisme socratique pour poser comme principe de base de sa morale le fait que **chaque être humain possède en lui-même au moins une raison forte d'agir moralement**, indépendamment des normes établies. Cette raison est due à son humanité même : **tout individu est à la recherche du bonheur**.

Pour vivre en respectant la nature humaine et ainsi rechercher le bonheur, il ne faut surtout pas suivre les sophistes qui recherchent les biens apparents et la renommée, mais **la voie de la philosophie**. Et pour suivre cette voie, il faut **pratiquer l'examen de soi, rechercher la véritable connaissance, celle des Idées, et se soucier du vrai Bien**, qui est l'Idée supérieure à laquelle toutes les autres idées sont reliées (citation 7). Si chaque homme suit ces préceptes, la société ne pourra alors que mieux se porter et devenir plus juste. La morale platonicienne est donc axée sur l'agent : le développement moral du sujet ne peut être acquis que par un travail personnel de perfectionnement, d'où la nécessité de se connaitre et de comprendre son propre fonctionnement et l'importance de l'éducation.

Le développement des vertus

Pour **trouver le vrai Bien**, les hommes doivent :

- **fuir les désirs particuliers**, qui n'aspirent qu'aux plaisirs (gourmandise, luxure, etc.) et le cantonnent dans le monde matériel ;
- **développer des vertus** telles que la justice, la modération, la tempérance, la prudence, etc. Celles-ci représentent un idéal d'autonomie morale et de rationalité capable de protéger l'homme des évènements extérieurs. Elles sont une manière d'être intérieure qui permet la mise en l'ordre de l'âme, ce qui implique que l'être humain a tout intérêt à agir en tenant compte d'elles afin d'être heureux. Ainsi, pour Platon, notre âme n'est apaisée que quand on est vertueux et qu'elle n'est donc pas assaillie par des remords ou des peurs.

Par ailleurs, la vertu est également liée au savoir. En effet, s'agissant d'une capacité à réfléchir et à faire des choix (entre ce que l'on doit faire ou non), elle est liée à la connaissance des modalités d'action vertueuse (ce qu'il est conseillé de faire ou non).

La morale platonicienne et les Idées

Qu'est-ce qui pousse l'homme à être vertueux ? Tout simplement **son inlassable recherche du bonheur** selon

Platon. En effet, si tout homme recherche le bonheur, cela signifie qu'il désire réussir sa vie et donc ne pas mal agir. Pour le philosophe, une vie bien réussie est une vie où l'on est en harmonie avec soi et avec son âme, une vie sans tourments. Cette harmonie est atteinte quand toutes les parties de l'âme ont trouvé l'unité.

Platon pense en effet que **l'âme est tripartite** et qu'à chacune de ses parties correspond un désir différent. Il distingue :

- une partie **rationnelle**, à laquelle correspond un désir rationnel ;
- une partie **irrationnelle** (dans les entrailles), à laquelle correspond un désir irrationnel ;
- une partie **intermédiaire**, entre les deux, le *thumos* ou le cœur, qui exprime les sentiments et les émotions.

Quand ces trois parties sont unies, alors aucune des trois n'est mise de côté et l'âme est en harmonie. Par contre, si une partie dirige les autres, l'harmonie et l'équilibre ne sont plus possibles et l'homme est instable.

Une fois l'unité trouvée, les parties de l'âme doivent **rechercher ensemble le Bien**. C'est seulement ainsi que l'homme pourra prétendre être sage et connaitre les choses. Ainsi, comme on le voit, la morale de Platon est intimement liée à sa théorie des Idées. Pour Platon, la morale n'est pas possible sans la connaissance des Idées et inversement, et c'est pour cela que sa philosophie est vécue, avant tout, tel un sacerdoce.

Platon distingue deux plans de réalité : **le monde sensible**, qui comprend les réalités matérielles, instables et multiples, et **le monde intelligible, ou monde des Idées**, qui comprend les réalités immatérielles, stables et uniques. Les Idées constituent l'essence de toutes les choses.

La connaissance s'acquiert par les Idées : il s'agit de **se ressouvenir des Idées**. Savoir consiste à ramener la multiplicité et la diversité des choses sensibles à l'unité des Idées, et ce **par le biais de l'esprit**, radicalement séparé du corps qui, au contraire, empêche l'âme de s'élever jusqu'à la réalité intelligible.

Pour être le fondement de toutes choses, **les Idées** doivent en être à la fois **les causes exemplaires, les causes finales et les causes formelles**.

Platon a également conçu le projet d'**une cité idéale** qui serait **gouvernée par un philosophe** et mettrait **la justice** au centre de ses préoccupations. La justice désigne une organisation harmonieuse de la cité où chaque classe sociale exerce une fonction particulière et a sa propre place.

Dans le domaine moral, le philosophe pose comme principe de base le fait que chaque individu possède au moins une raison d'agir moralement, due à son humanité : **tout individu est à la recherche du bonheur**. Or, pour vivre heureux, il faut suivre **la voie de la philosophie**, qui consiste notamment à rechercher la véritable connaissance et à se soucier du vrai Bien, l'Idée suprême.

Afin de trouver le vrai Bien, les hommes doivent **développer des vertus** telles que la justice, la modération, la prudence, etc., qui permettent la mise en ordre de l'âme.

Votre avis nous intéresse !
Laissez un commentaire sur le site de votre librairie en ligne
et partagez vos coups de cœur sur les réseaux sociaux !

POUR ALLER PLUS LOIN

- BRUN (Jean), *Platon et l'Académie*, Paris, PUF, 1999.
- CANTO-SPERBER (Monique), *Éthiques grecques*, Paris, PUF, 2001.
- CLÉMENT (Élisabeth) *et alii*, *La Philosophie de A à Z*, Paris, Hatier, 2000.
- DESCOMBES (Vincent), *Le Platonisme*, Paris, PUF, 2007.
- HADOT (Pierre), *Qu'est-ce que la philosophie antique ?*, Paris, Gallimard, 1995.
- PLATON, *Apologie de Socrate*, traduction de Luc Brisson, Paris, Flammarion, 2005.
- PLATON, *Gorgias*, traduction de Monique Canto-Sperber, Paris, GF-Flammarion, 2007.
- PLATON, *La République*, traduction de Robert Baccou, Paris, GF-Flammarion, 1966.
- PLATON, *Le Banquet*, traduction de Luc Brisson, Paris, GF-Flammarion, 2007.
- PLATON, *Phédon*, traduction de Monique Dixsaut, Paris, GF-Flammarion, 1999.
- PLATON, *Timée. Critias*, traduction de Luc Brisson, Paris, GF-Flammarion, 1999.
- ROBIN (Léon), *Platon*, Paris, PUF, 2009.
- RUSS (Jacqueline), *Les Chemins de la pensée*, Paris, Bordas, 2004.

TESTEZ VOS CONNAISSANCES !

ASSOCIEZ CHAQUE CITATION À L'EXPLICATION QUI LUI CORRESPOND

Citation 1 : « Je suis plus sage que cet homme. Il peut bien se faire que ni lui ni moi ne sachions rien de fort merveilleux ; mais il y a cette différence que lui, il croit savoir, quoiqu'il ne sache rien ; et que moi, si je ne sais rien, je ne crois pas non plus savoir. Il me semble donc qu'en cela du moins je suis un peu plus sage, que je ne crois pas savoir ce que je ne sais point. » (*Apologie de Socrate*, Paris, Flammarion, 2005, 21d)

Citation 2 : « [N]ous affirmons l'existence du Beau en soi et du Bien en soi ; et nous faisons de même de toutes les choses que nous avons considérées [...] dans leur variété, en les considérant sous un autre point de vue, dans l'unité de l'idée générale à laquelle chacune d'elles se rapporte. » (*La République*, Paris, GF-Flammarion, 1966, livre 6)

Citation 3 : « [...] Tant que nous aurons notre corps associé à la raison [...] et que notre âme sera contaminée par ce mal (le corps), jamais nous ne posséderons l'objet de nos désirs, c'est-à-dire la vérité. » (*Phédon*, Paris, GF-Flammarion, 1999)

Citation 4 : « L'antre souterrain, c'est ce monde visible ; le feu qui l'éclaire, c'est la lumière du soleil ; ce captif qui monte à la région supérieure et la contemple, c'est l'âme qui s'élève dans l'espace intelligible. » (*La République*, Paris, GF-Flammarion, 1966, livre 7)

Citation 5 : « [...] La justice consiste à ne détenir que les biens qui nous appartiennent en propre et à n'exercer que notre propre fonction. » (*La République*, Paris, GF-Flammarion, 1966, livre 4)

Citation 6 : « Ce qui donne naissance à une cité, repris-je, c'est, je crois, l'impuissance où se trouve chaque individu de se suffire à lui-même, et le besoin qu'il éprouve d'une foule de choses. » (*La République*, Paris, GF-Flammarion, 1966, livre 2)

Citation 7 : « [...] Aux dernières limites du monde intelligible est l'idée du bien, [...] c'est elle qui dispense et procure la vérité et l'intelligence. » (*La République*, Paris, GF-Flammarion, 1966, livre 7)

Explication a : la connaissance consiste à se ressouvenir des Idées que nous avons en nous.

Explication b : la véritable sagesse consiste à avoir conscience de son ignorance.

Explication c : l'homme capable de se défaire des apparences trompeuses du monde visible, de sortir de l'ombre de la caverne, s'élève vers la lumière du monde intelligible.

Explication d : la cité est née de la faiblesse des hommes, incapables de subvenir seuls à leurs besoins primordiaux.

Explication e : chaque être humain possède en lui-même au moins une raison forte d'agir moralement, due à son humanité même : tout individu est à la recherche du bonheur.

Explication f : le corps empêche l'âme, siège de la raison, de s'élever jusqu'à la vérité des Idées.

Explication g : une vie réussie est une vie où l'on est en harmonie et celle-ci est atteinte quand toutes les parties de l'âme ont trouvé l'unité.

Explication h : le vrai Bien est l'Idée supérieure à laquelle toutes les autres idées sont reliées.

Explication i : la justice désigne une organisation harmonieuse de la cité où chaque classe sociale et chaque individu ont leur place propre et exercent une fonction particulière.

Explication j : les choses sensibles, multiples et changeantes, se rapportent toutes à des Idées intelligibles, uniques et immuables, qui existent « en soi ».

Rendez-vous sur lepetitphilosophe.fr et découvrez :

Plus de 1200 analyses
Claires et synthétiques
Téléchargeables en 30 secondes
À imprimer chez soi

L'éditeur veille à la fiabilité des informations publiées, lesquelles ne pourraient toutefois engager sa responsabilité.

© **LePetitPhilosophe.fr, 2017. Tous droits réservés.**

www.lepetitphilosophe.fr

ISBN version numérique : 978-2-8062-4963-0
ISBN version papier : 978-2-8080-0125-0
Dépôt légal : D/2017/12603/509

Conception numérique : Primento,
le partenaire numérique des éditeurs.

Made in the USA
Monee, IL
07 July 2026